300 formas de mirar un dragón

Miguel Esteve

Aliarediciones

Corrección: Julia Salas
Diseño de cubierta: Jaime Galisteo
Maquetación: Aliar Ediciones

Depósito Legal: GR 687-2024
ISBN: 978-84-10374-06-5

Impreso en España

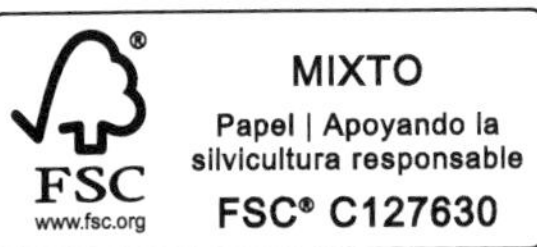

Edita
ALIAR Ediciones
www.aliarediciones.es
info@aliarediciones.es

300 formas de mirar un dragón

Miguel Esteve

A Raquel,
que me colgó un cascabel en un descuido.

Escorzo 1...

El rugido del dragón
dispone a las hadas
alrededor del fuego.

2

Huyo
de un dragón ciego.
La princesa se ríe.

3

Las cenizas del bosque.
Ha pasado un dragón,
o duerme.

4

Yace el dragón viejo y cansado.
Paso a su lado
como ante un sapo.

5

Mientras el dragón
duerme,
los niños sueñan.

6

El saltamontes
aterriza sobre el dragón.
Estrellas fugaces.

7

¡Qué descubrimiento!
Una boca pequeña
tras su rugido.

8

En singular batalla,
solo una vez
perdí contra el dragón.

9

Demasiado altas las almenas.
Si pasa un dragón,
yo me subo.

10

El dragón busca al niño
donde el niño lo perdió.
Aún no está triste.

11

La fiel niñera
¡acunando dragones!
Saco mi espada...

12

Tras la siesta del dragón
en la yerma ladera,
campo de amapolas.

13

En vano espera
la comitiva a la puerta
del dragón tímido.

14

Mi hija
ve un dragoncito
donde yo veo un dragón.

15

Roto el espejo,
el deseo del dragón
se multiplica.

16

Un toro, un gato,
un pato, un loro.
Aquí no está.

17

Tan grande era el dragón
que no lo vimos.
Y se enojó en proporción.

18

Invierno.
Los ojos del dragón
están cerrados.

19

¡Un dragón en el tejado
y yo sin mi lazo!
Otro día malgastado.

20

5

20'

La maestra en la pizarra
dibuja un dragón.
Ella ve un 5.

21

Un dragón
dormido en el puente.
¿Cruzo o regreso?

22

Una casa, un árbol,
un río, un dragón.
Dibujo de un niño.

23

Conocemos
el peso del oxígeno,
el diámetro del círculo, pero...

24

El dragón que tú viste,
invisible de todos,
lo veo en tus ojos.

25

En la hoja
traza el niño un dragón.
Al levantarse, le sigue.

26

Al dragón
que a la plaza se asoma
le arrojan piedras.

27

Como a una cáscara de huevo
los ojos del dragón
la luz atraviesa.

28

Un dragón a mi lado
y yo sigo en el aire
el vuelo de la mosca.

29

El dragón
bajo la luna,
disfrutando de su melancolía.

30

Nada con qué arroparme.
Me cubriré
con el dragón.

31

Una nube
corta la luna en dos.
Distracción de la melancolía.

32

Como esperar
la última palabra
de un dragón mudo.

33

Yo veo un dragoncito
donde mi hija
ve un dragón.

34

Los dioses
no protegen al dragón
en los días de lluvia.

35

Solo el dragón
contempla las cerezas
que no florecerán…

36

Me sumerjo en el sueño
al encuentro del dragón.
Noche de agua.

37

Una vibración inesperada
convierte a mi hija
en dragón.

38

Las sirenas siguen,
sin mirar atrás,
el canto del dragón...

39

•

39'

¿Ves aquello
en el horizonte?
Más lejos…

40

En el cielo planea el dragón
antes del forzoso
aterrizaje.

41

¿Quién recoge
los dientes de leche
del dragón?

42

El león se cruza
con el dragón.
Ni uno ni otro baja la cabeza.

43

Hermoso es
ver planear al dragón
sin objetivo a la vista.

44

Después de la cacería,
el dragón limpia con su lengua
las salpicaduras.

45

Para coger el sueño,
el dragón, de nuevo,
cuenta sus escamas.

46

Luna llena.
El dragón
guiña un ojo.

47

Espero el juicio
de un dragón bobo.
La princesa el cabello se mece…

48

Un dragón en el arcén.
Nadie detiene su camino
para sanar sus alas.

49

En el tobillo, un dragoncito
fuego me escupe.
Siento cosquillas.

50

Envidio al dragón
planear solo en su sueño,
ajeno a mi destino.

51

El dragón, indeciso,
escoge entre todas
un narciso.

52

El sendero al dragón lo vi en un sueño,
pero todo el día
ando por caminos equivocados.

53

Un tambor, una pelota,
un patinete, un saxofón.
Tampoco, un momento…

54

Mirando al hoyo.
La acrobacia del dragón
me alza los ojos.

55

El dragón,
sentado sobre cardos,
sin pincharse.

56

El sueño escoge
el momento de la digestión
para posarse sobre el dragón.

57

El dragón,
bostezando,
apaga las luces.

58

... ¿quién conoce
el tamaño del dragón
en la mente del niño?

59

El dragón,
en el colegio,
se esconde bajo la mesa.

60

La huella del dragón
y el hilo de la araña
comparten el peso.

61

Cuelgo la espada.
El horizonte baja.
Arrío el dragón.

62

•   •
•

62’

¿Ves las alas desplegadas
acercándose?

63

La pupila del dragón,
fija sobre mí,
alcanza mi secreto.

64

Un dragón melancólico…
Aprovecho para colgarle
un cascabel.

65

Irónico es ver
planear a un dragón.
Nunca sucede.

66

El dragón
conoce tu corazón,
pero no entiende un abrefácil.

67

Pasa el dragón
por mi ventana.
Tres meses de primavera.

68

El dragón maldice su trabajo.
Mejor ser una rana
en el fango.

69

Tiempos modernos.
Humedece su hocico
la gran pantalla.

70

Pienso en el dragón,
y tan pronto aparece,
el pensamiento se desvanece.

71

Ya he visto al dragón.
Cumplido mi destino,
¿qué haré el resto de mi vida?

72

Asomado al pozo,
el vértigo del dragón
espera un poco.

73

El viejo dragón
agita la cola.
Recuerdo de lagartija.

74

El dragón
solo conoce de la luna
su reflejo en el estanque.

75

Al despertar
me enfrento al espejo
y veo un dragón.

76

Al fin el dragón,
postrado ante el hormiguero,
levanta sus ojos al cielo.

77

Aunque los mosquitos
de verano no le hacen daño,
se divierte aplastándolos.

78

.....

78'

Descanso del dragón.
En lugar de plegarse,
se extiende...

79

Aunque tiene
dos cabezas,
es un dragón.

80

Como el resto de la hierba,
el dragón
queda fuera de la cerca.

81

¡El puente es un dragón!
Cómo recuerdo ahora
el calor de la leña…

82

La caída de una hojita
despierta un ratito
al dragón.

83

Como una planta
crece el dragón.
Nadie lo ve ascender.

84

Dos piernas, dos brazos,
dos ojos...
¡Un hombre!

85

Asintiendo y asintiendo
mientras ando
sobre el plácido dragón...

86

Desesperación del paleontólogo.
No hay restos de dragón
en la fosa común.

87

El dragón ignora a sus hermanos.
Se cree, como los otros,
único en su especie.

88

El dragón alza una pata y salva una oruga.
Con la otra, sin darse cuenta,
mata una araña.

89

Perdido el rastro,
la sirena se distrae
imitando el canto.

90

Desconocido es para nosotros
el corazón de la niebla, el habla de las flores
y la huella del dragón.

91

El gemido del dragón
entristece el geranio del porche.
Yo también lo oigo.

92

Un caballero perdido.
Otra interrupción
de la melancolía.

93

Antes de acostarse,
el dragón se enfrenta al espejo
y me ve a mí.

94

Intento mostrar al dragón
un nuevo camino.
La princesa bosteza.

95

Al centenario dragón
se erige una estatua.
¿No lo era ya?

96

Si el dragón no resbala
en la escalera,
puede que llegue a la centena.

97

97'

Dormido el dragón, cubierto de nieve,
hasta la próxima
primavera.

98

El dragón pasa levantando aire.
La luciérnaga
brilla y se apaga.

99

¡Oh!, es tan grande...
Nos distrae en el patio
del depredador.

100

Mi hija con flores
por el valle del dragón
y yo con haikus...

101

En la espalda del dragón
ha hecho su nido
el tiempo.

102

El dragón espera
el beso de la princesa.
Sentado.

103

¿Y ese Arco Iris
coloreando el cielo...?
¡Si no ha llovido!

104

El naturalista acerca su lupa.
¿Cómo reconocerá la huella del dragón,
si no ha visto su pie?

105

Otoño.
Las escamas del dragón
caen a tierra.

106

Sonríe mi hija al ver al dragón.
Lleva los pantalones
del revés.

107

El dragón maldice su timidez.
¡Una vez más
ha hablado demasiado!

108

Veo dragones en la cena familiar.
No estar cerca de la puerta
que al huerto da...

109

La anticuada cortesía
del dragón
solo atrae a compasión.

110

Al dragón moribundo
hasta los burros
se acercan.

111

Tropiezo
con la farola.
Otra.

112

De espaldas al dragón,
el marido y la esposa
se retiran al lecho.

113

·   ·

•   •
•

·   ·

113'

El dragón,
rodeado por caballeros,
en el centro.

114

Caen sobre el dragón,
como en la hierba,
los intrépidos saltamontes.

115

En la sala de espera,
un enfermo cede
su turno al dragón.

116

Ante un dálmata
el dragón espera
a contar sus lunares.

117

La ruptura del espejo
multiplica al dragón
en infinitos pedazos.

118

Noche de verano.
Mi hija deja en el balcón
granizado de limón.

119

Disconforme con un número redondo,
el dragón
le añade decimales.

120

Invierno.
En el fuego del dragón patina un niño.
Temo que se quiebre y se queme.

121

El niño modela de barro un dragón.
En su primer baño
desaparece.

122

Duerme un dragón en el puente.
Respeto su sueño.
Croa una rana.

123

Un dragón bizco.
Si huyo por esta senda...
¿cuál escogerá?

124

Hoy perdí a mi dragón en el centro comercial.
Que ayer no le conociese
no me consuela.

125

¿Quién diría
que tras la pelota
cruzaría un dragón?

126

Sin dientes,
los niños que ayer asustabas
se ríen hoy.

127

El aliento del dragón
en esta casa,
mezcla de col y de pasa.

128

Ondula
el dragón al viento,
como mi ánimo.

129

129'

El dragón,
rodeado por caballeros
y médicos, en el centro.

130

Aunque tiene
siete cabezas,
es un dragón.

131

¡Qué impostura!
dos pies
bajo la costura.

132

De la mano de mi hija,
señalando por el camino
del dragón.

133

Cae del árbol
un ciruelo maduro.
El dragón se acerca.

134

Al final de una vida
prodigiosa, el viejo dragón
no encuentra biógrafo.

135

Cartas sin parar
el dragón que no habla
escribe.

136

Emerjo del sueño
del dragón.
Ecos de sirena.

137

Tres gotas de rocío
sobre el bigote del dragón.
La oruga moja sus pies.

138

En el surco de la huella del dragón
encuentra refugio
una sombra.

139

¿Cuándo? Ahora ¿Dónde? Aquí.
El dragón y mi hija
van de la mano.

140

Imitando el canto,
la sirena se distrae
hechizando barcos.

141

Incluso descalzos,
no aceptan dragones
los monjes del monasterio.

142

Cuando el dragón
habla con la niña,
baja la cabeza.

143

La recepción se puebla de dragones.
Permanezco en un rincón,
inmóvil.

144

Los niños del patio
las alas del pequeño dragón
se divierten arrancando.

145

¡Qué fastidio!
otro caballero
a probar suerte.

146

Entre las patas del dragón,
discurre un río
soleado.

147

•   •
•

• • • • • •
•
• • • • • •

147'

Los sabios,
hablando de oídas
mientras el dragón escucha.

148

Espero el beso de la princesa
tras enfrentarme al dragón.
La princesa se ha ido.

149

Viejo dragón,
los bigotes que antes
afeitabas ya no te afeitas.

150

La luna solo
conoce del dragón
su reflejo en el estanque.

151

Los dientes de leche del dragón
los recoge mi hija
en una cajita.

152

El beso de aire.
La luna en el agua.
Noche de sueños.

153

¡Qué gracioso!
duerme y despierta al sapo
el ronquido del dragón.

154

Su reflejo en el agua
causa al dragón
sonrojo.

155

Mi hija, feliz,
subida al dragón,
saluda boca abajo.

156

El bostezo del dragón al acostarse
engulle las estrellas.
Noche cerrada.

157

¡Arco Iris fugaz!
Mueve la cola el *Shih Tzu*
antes de entristecerse...

158

Dragón peregrino,
de armario a armario
visita al niño.

159

Caprichoso girasol...
Al irrumpir el dragón,
cambias de dirección.

160

La niebla se ha llevado al dragón.
Solo sé que era bueno,
pero no siempre.

161

¡Tan fabuloso
y no poder reposar
en tu regazo!

162

Amanece.
Se despereza el dragón.
Cruje la tierra.

163

Asintiendo y asintiendo
mientras ando…
¿Dónde acabará el dragón?

164

El dragón duerme en el puente.
Esta rana y yo
somos el sueño.

165

Mientras dura el silencio
escucho al dragón.
Habla poco.

166

En el comedor guarda cola un dragón.
Los mendigos, detrás,
temen por su ración.

167

∴

167’

Meditación del dragón.
No molestar.

168

La mariposa triste.
Viendo la acrobacia
con su ala rota.

169

Una horda de antorchas
rodea al dragón.
¿Quién arrojará la tea?

170

Desde la nube
habla con el dragón
el trueno.

171

Todos los caballeros
matan el mismo dragón.
Vivo sigue.

172

¡Pobre dragón!,
tantas pistas deja
como incomprensión.

173

Moviendo dedos,
mientras cuento sílabas,
espanto dragones.

174

Hermosa es la gata,
pero los ojos del gato
son para el dragón.

175

¡Demonios!
¿Quién anda tan plácidamente
sobre mis hombros?

176

Hoy perdí a mi dragón en el centro comercial.
Que ayer fuese de mi mano
no me consuela.

177

Ante la flor de loto
apaga el dragón su fuego.
Vuelve la calma.

178

El dragón espera
una palabra
de la princesa muda.

179

El pequeño dragón
arrastra la barriga.
Le pesan las alas.

180

Asomado al fondo,
el dragón y el pozo
comparten vértigo.

181

En singular batalla
el dragón pierde
solo una vez.

182

El dragoncito sonríe.
Anda sobre el agua la libélula.
Luego se hunde.

183

Siete cabezas
para un solo camino.
Sobran seis.

184

Sobre la alfombra,
escamas escarlatas.
Mi hija se esconde.

185

Aunque pase el dragón,
la rosa inmóvil,
presa de su belleza.

186

¡Qué difícil
es distinguir al dragón
entre los campos en flor!

187

....
....
....
....
....
....
....
....
....
....
....
....
....
....
....
....
....
....
....
....
....
....
....
....

187'

Manifestación
de dragones.
Solo apetece contarlos.

188

Las alas del dragón
recogen la primera nieve.
La que me moja, ya no lo es.

189

Viendo dragones al
microscopio…
Nadie me cree.

190

El humo de mi hogar
asciende, sin apego,
a la boca del dragón.

191

¡Un dragón
en mi botella!
Noche en vela.

192

Tras su cola,
el cascabel se aleja
despertando grillos…

193

El dragón despliega
dos alas multicolores.
Inundación de belleza.

194

Envejece el dragón.
El mismo estanque
ve ayer que hoy.

195

Impuntual a su cita,
como siempre,
el dragón.

196

Temblando,
el tulipán espera el amanecer.
Pero aparece un dragón.

197

El dragón se yergue de nuevo.
Lo que ha oído
es una bajeza.

198

Boca arriba
sueño con el dragón.
De lado, no.

199

El acoso de los caballeros,
el desdén de las princesas.
Una vida imposible.

200

El canto del grillo
lo guarda el dragón
hasta el próximo verano.

201

Una rosa, contemplada
por un dragón,
detiene el mundo.

202

Las olas del mar.
Los anillos del dragón
que vienen y van...

203

El beso al aire de la princesa
cae en la frente
del dragón.

204

Eclipse de sol.
El dragón guiña
otro.

205

205'

Soñando el dragón, cubierto de nieve,
con la próxima
primavera.

206

¡Qué olvidadizo!
al pasar en procesión
vuelve al principio...

207

Tras el roble un dragón.
A su espalda
la mitad del Universo.

208

Porque vio un dragón,
los ojos como platos
de la lechuza.

209

Ante una azucena
su carácter
el dragón reconsidera.

210

Por un caracol
su camino a la aldea
el dragón desvía.

211

Desembarco de dragones en la costa.
La gaviota lo ha visto,
pero no habla.

212

Matando dragones
que acuden a mi pastel.
¡Ya van siete!

213

Sueño de halcón.
para andar a su lado
deja la nube.

214

Al dragoncito de farolillos
se le ve la marca
en el rabillo.

215

El dragón envejece
mientras florece
el almendro.

216

En la afilada
espalda del dragón,
esqueletos de saltamontes.

217

Tras veinte nombres,
al mote de la niña
se nos ha vuelto.

218

Queriendo desaparecer,
el dragón rompe el espejo
y se multiplica.

219

Al dragón
que permanece oculto
nadie le conoce.

220

•   •
·
•

220’

El doctor estudia,
de primera mano,
el estómago del dragón.

221

Noche de verano.
El abrazo del dragón cubre la tierra
con un manto de estrellas.

222

El vaivén del puente
despertó al dragón.
¿Qué somos ahora la rana y yo?

223

Cruza la cola...
¡Ay!, temo que algún día
llegue a su fin.

224

Mi hija, orgullosa,
antes de la corriente
me enseña el dragón.

225

Con la muda del dragón
se viste la serpiente
el día de fiesta.

226

Una y otra vez,
la cabeza del dragón
contra el cristal.

227

Bajo un cielo de plomo,
sigo el rastro del dragón
entre la nieve quemada.

228

El viejo dragón,
por un caracol adelantado,
finge un esguince.

229

Un murciélago cae de cabeza.
¡Ni en mi cueva
en paz puedo reposar!

230

Nostalgia de la quimera.
El dragoncito vuelve a su madre
tras dos pasitos.

231

Una vez al año,
saltando sobre el lomo,
vadeo el río.

232

El dragón frente al espejo,
fingiendo valor
ante sí mismo.

233

El dragón deja escamas
en el recodo del sendero...
Psoriasis de la tierra.

234

Sudor de dragón,
ante la rosa temible
moja el rocío.

235

Ay, solo tengo
una cabeza...
¿seré un dragón?

236

Erguido,
en mitad del otoño,
el esqueleto del dragón.

237

Vuelve a tejer
la araña en el rincón.
El dragón se aleja.

238

Agua derramada.
Vano intento del dragón
por encarnarse.

239

Mi forma de dragón
tras el sueño recupero.
Sonido de sirenas.

240

•   •

•   •
•

•   •

240'

Los caballeros…
¿rodean al dragón
o escapan?

241

A veces pienso
que solo nos tememos.
Otras no... ¡y huyo!

242

El dragón
se declara.
Sobran sílabas.

243

Cayendo la piedra
por la garganta del dragón.
Se aleja la luna.

244

Cuando apareció
el dragón, los magos
desaparecieron.

245

La rosa
encierra un dragón.
¡Como mi calcetín!

246

Festín de buitres.
El menú de hoy
no incluye dragón.

247

La flor deshojada
recompone el dragón
para nuevos amantes.

248

Con tres me dormí,
y con seis que despierto...
¡Ya nueve pies van!

249

Caen del dragón
los dientes de leche.
Granizo de verano.

250

Buena idea.
El viejo saltamontes
se agarra al dragón.

251

Las afinadas cuerdas del dragón,
transforman su palabra
en canto.

252

El último lirio
se lo lleva el dragón
a la siguiente primavera.

253

Nieva en el porche.
Si le pongo la bufanda...
¡Ya es Navidad!

254

Sobre el reflejo
del dragón, cruza
la rana el estanque.

255

De un tirón, la madre
aparta al niño
del lado del dragón.

256

Desde los cables
se lanzan los dragones
sobre los caquis.

257

•   •
•
•   •

257’

Cinco a los dados.
Un beso de dragones
en el aire...

258

Para ser visto,
el dragón
decide ocultarse.

259

Tres dragones,
dos con pata de palo,
uno con parche.

260

Junto a este fuego,
hablando todos de él,
sin darle nombre.

261

Bomboncitos de licor
el dragón envuelve
en su interior.

262

Cualquiera
ocuparía esta niebla.
Por ejemplo, un dragón.

263

Angustia del dragón.
Después de la ceremonia,
el baile.

264

La luna, el sapo y el dragón.
Reunión
de excéntricos.

265

...un pozo y una
moneda y en la moneda
un dragón, que mira...

266

Hurga en los años del dragón
el paleontólogo.
Burocracia perdida.

267

Guardarlo quisiera
tan solo en mi cofre,
pero su oro... ¡arde!

268

La música del desfiladero
¿es el viento
o el cortejo del dragón?

269

El dragoncito se mira…
Lentamente, con los años,
mira su padre.

270

Comiendo mandarinas
vuelve al viejo huerto,
dulcemente, el dragón.

271

El dragón chapotea en la charca.
Los renacuajos
sienten cosquillas.

272

La pupila del dragón
sobre las hadas.
Rubor de las mejillas.

273

•   •
  •

                    •

273’

Entre el dragón y el niño,
el hilo invisible
de la cometa.

274

¿Adónde se ha ido?
Al cielo, mi niñita.
¡Ah, pues no se ha ido!

275

Los últimos ojos
que vieron al dragón
yacen cerrados.

276

El tropiezo del patito
despierta al dragón
un poquito.

277

Sobre lirios y cardos
el dragón reposa,
sin distinción.

278

Se asoma la niña...
¡Huevecitos de dragón!
Dos los pinta, uno se quiebra.

279

Aliento de dragón.
La luciérnaga brilla
y se apaga.

280

Trepando hacia el sol,
unos encima de otros...
¡Qué pequeño soy!

281

Antes de morir,
el mosquito chismorrea
al oído del dragón.

282

El cuento del dragón,
perdido por todos,
lo leo en tus ojos.

283

Mi hija corre
hacia el dragón y vuelve.
¡Quince segundos!

284

Sigue el dragón
los guisantes del bosque.
Ha pasado la princesa.

285

Orzuelo del dragón.
Otro guiño
y ya van tres.

286

Ni siquiera el búho
ve del dragón en el bosque
sino escorzos.

287

Un dragón enojado
solo deja dos huellas
en la arena.

288

Para no ser visto,
el dragón saca la lengua.
Los tontos ríen.

289

Las olas del mar.
Los recuerdos del dragón
que vienen y van...

290

El dragón lee
cuentos de caballeros
a sus pequeños.

291

Sombras de dragón,
de la mano del viento
cobrando vida.

292

Ya apenas se oye
el rugido del dragón.
La tormenta se aleja.

293

Entro en casa.
Como un camaleón a la espalda,
el aliento del dragón.

294

Sombras de dragón.
De la mano de mi hija
cobran vida.

295

Ya solo queda,
desvanecido el dragón,
la estela de aves.

296

Amanecer de otoño.
El dragón se sacude la hojarasca.
La ardilla asciende.

297

¡Qué hambre!
Un dragón se lleva
la tarta en mis narices…

298

¿Y esta hora de más?
Balanceo del dragón
en la campana.

299

Por más que croen
las ranas del estanque,
el dragón no regresará.

Escorzo 300

El fatuo dragón
asomado a este libro.
Ruido del agua.

ÍNDICE

Este libro se terminó de editar en Granada
en mayo de 2024 por

www.aliarediciones.es
info@aliarediciones.es